AF258117

# ÉTUDE



# L'AVENIR DE LA LAINE

## DE PROVENCE

PAR

B<sup>n</sup> CAUNE.

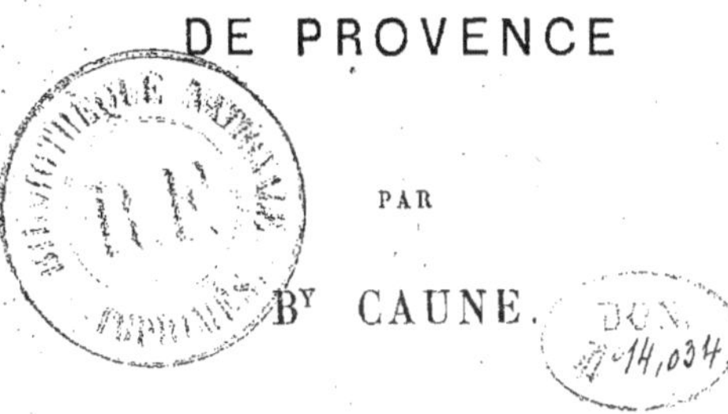

———

MARSEILLE

TYPOGRAPHIE MARIUS OLIVE

RUE PARADIS, 68.

—

1869

# ÉTUDE



# L'AVENIR DE LA LAINE

## DE PROVENCE.

Le but que nous nous proposons, dans cette étude, est la solution, longtemps cherchée et difficile à résoudre, de ce problème :

« Trouver un moyen pratique qui puisse modifier la
« situation déplorable faite à la laine de Provence , par
« suite de la libre entrée de toutes les laines étrangères
« dont la production et l'importation ont pris, depuis
« quelques années, un accroissement si préjudiciable
« aux laines du pays ».

La concurrence étrangère, d'où résulte l'affaissement des laines indigènes, préoccupe vivement les éleveurs, dont elle peut causer la ruine, et pour peu qu'on tarde à apporter à cet état de chose les remèdes nécessaires, l'élevage devra succomber.

Malheureusement dans notre Provence les innovations sont lentes à s'imposer ; d'abord on s'étonne, puis on prend peur, et on crie ; au lieu de chercher à conjurer la crise, on se décourage, et le plus souvent (par un coup de tête), jetant le manche après la cognée, on s'arrête et tout est dit, quand il serait bien plus facile de se retourner pour tirer profit d'un avantage, renfermé quelquefois sous l'apparence de l'impossibilité.

Convenir de ses faiblesses est le premier pas pour s'en corriger : c'est pour cela que nous ne craindrons pas de mettre le doigt sur nos plaies ; le remède en découlera de lui-même.

Cette apathie que nous avons déjà signalée se joignant à un fond d'égoïsme, fait que chacun ne s'occupe que de son affaire propre. On se contente de peu, on redoute la peine que pourrait donner l'étude et l'application de telle ou telle mesure, qui déduplerait la fortune privée tout en aidant à la prospérité publique.

Des rentes, petites s'il le faut, de la tranquillité et point de soucis, telle est la devise que chacun met en pratique.

Il est évident que, dans une pareille situation d'idées, au jour venu, alors qu'il faut se transformer et que le progrès va de l'avant, on se trouve tout à coup distancé et même culbuté sans qu'on ait pu se rendre compte du bouleversement qui a amené la chute.

Les récriminations sont stériles ; nous ne nous étendrons pas sur ce chapitre, nous n'avancerions à rien ; ne vaut-il pas mieux alors provoquer une sorte d'enquête où chacun, apportant sa quote-part d'idée et d'expérience, recueillerait en échange la lumière, résultat inévitable de ce choc d'intelligence ?

Si, remontant à la source, nous demandons la cause de cet état de malaise et de crise, on nous répondra : « Le libre échange ». Accusation vague qui veut tout trancher et ne résout rien.

Sait-on bien d'abord ce que c'est que le libre échange pour un pays producteur ? C'est la possibilité de deverser dans le monde entier des produits dont la consommation se trouvait strictement limitée dans une certaine zone.

Nous devons donc nous estimer heureux de cette nouvelle situation qui doit nous être si profitable. Ce qui n'empêche pas le plus grand nombre de se recrier, lorsqu'on ferait mieux de descendre en soi—même et de reconnaître que la véritable faute est plus réellement dans l'insouciance du producteur, qui vieillit dans sa routine, et ne veut à aucun prix faire un pas en avant.

Il est certain que l'on doit reprocher aux promoteurs du traité de commerce de s'être avancé trop vivement, brisant toutes les barrières extérieures, sans se rendre compte de la situation de la matière première à l'intérieur.

L'équilibre aurait dû être le même partout, supprimant de prime-abord les droits et priviléges qui surchargent la marchandise brute, de façon à la mettre dans des conditions identiques à celles qui servent à la production des manufactures étrangères.

Tandis que tout progresse, que les distances n'existent plus pour personne, que la vapeur même se trouve débordée par l'électricité, que s'est-il passé en Provence?

Rien absolument.

Nous conservons nos usages primitifs, et distancés par le progrès qui marche, nous nous sommes arrêtés laissant prendre aux laines coloniales la place de nos produits dans presque toute la fabrique. Mettons donc aujourd'hui en pratique la devise des Anglais : *Times is money*, le temps est de l'argent. Adieu aux antiques lenteurs, aux difficultés d'un autre âge. Le mouvement nous entraîne et nous déborde.

Alors qu'il n'existait pas de relations immédiates, on se réunissait à certaines époques déterminées ; chacun arrivait avec sa marchandise au rendez-vous, et les traitants du monde entier venaient trafiquer leurs produits contre nos manufacturés ; ces grands marchés étaient désignés sous le nom de Foire. Les voies rapides des chemins de fer et de la télégraphie ont bouleversé complétement ces anciens usages. Les foires n'existent plus que dans les récits des veillées ; et la célèbre Beaucaire elle-même ne présente plus que quelques marchands de dattes qui, poussées par la force de l'habitude, viennent encore débiter quelques rares caisses de ce fruit exotique à quelques promeneurs plus rares encore.

La prospérité n'appartient qu'aux villes intelligentes qui ont su comprendre et mettre à profit le progrès, en se l'assimilant ; à celles qui n'ont pas craint de changer du jour au lendemain un système devenu suranné. De même que dans l'industrie l'outillage doit se transformer pour compenser par une économie de temps les bénéfices plus restreints ; de même il faut que le commerce recherche tous les moyens qui pourront donner plus de facilité de temps, source d'économie.

Dans ce monde tout s'enchaîne, et le génie industriel ne saurait exister s'il n'était aidé par le *génie* commercial.

Étudions le mouvement et le développement des grands marchés. En regardant ce qui se passe en Angleterre, pays des traditions commerciales, nous la verrons tenir la tête de l'industrie, en profitant sans hésiter de toutes les innovations utiles.

La Belgique, après elle, grandit dans des proportions considérables. Le marché d'Anvers, qui n'existait pas il y a quelques années, est aujourd'hui aussi important que les grands centres anglais ; c'est son mode d'agir qu'il faut examiner, c'est en l'imitant que nous arriverons.

Il n'y aura rien de hazardeux dans ce que nous proposons, il ne s'agira pas d'innover ; il faudra suivre l'exemple de ces peuples, en renonçant à tout jamais à une routine usée qui n'a plus raison d'être.

Pour bien démontrer le moyen d'arriver aux grands et utiles résultats que nous proposons, prenons un seul point de comparaison : Anvers nous le fournira.

Ce marché a jugé l'importance que devait prendre la production des pays de la Plata. En envoyant des avances aux grands propriétaires, en se faisant consigner les laines et attirant, à l'aide de grandes ventes publiques, un concours immense d'acheteurs, il écoule à des cours vrais et régulateurs ces quantités de marchandises importées.

Voyons maintenant ce qui se fait en Provence.

Dès que le propriétaire a tondu sa laine, des acheteurs, connus vulgairement sous le nom de ramasseurs, se répandent dans la campagne pour acheter la récolte.

On voit alors aux prises, d'un côté le propriétaire qui est dans l'ignorance la plus complète de la valeur exacte de sa laine, de l'autre le spéculateur sans concurrent, travaillant pour quelques fabriques du Midi, qui s'entendent le plus souvent pour que les prix ne soient pas poussés trop haut. C'est ce qui se présente encore aujourd'hui dans toutes nos fermes, et c'est pour déraciner ces erre-

ments ruineux pour la production, qu'il s'agit de faire toucher du doigt les transformations à opérer dans un système de vente si préjudiciable.

Croit-on sérieusement que le fabricant qui a besoin de tout son temps et qui a pris l'habitude d'aller s'approvisionner sur les grands marchés, où il trouve, à des époques fixes, des ventes considérables, où son offre quelle qu'elle soit est toujours acceptée, croit-on, disons-nous, que ce fabricant se dérangera pour parcourir la plaine aux ardeurs du soleil, traitant par bribes et morceaux quelques quintaux de laine, et lorsque, pour se mettre d'accord avec un propriétaire, toujours méfiant, il devra passer toute une journée à lutter à bras-le-corps pour ne pas arriver à conclure après force peine ?

Non, ces temps sont passés ; le producteur doit s'adresser directement au marché, qui réunit la plus grande concurrence, car c'est par elle seule qu'il trouve le dernier mot et la dernière expression de la valeur réelle de sa laine.

Mais comment arriver à un pareil résultat ? Le moyen est simple et facile : suivons toujours l'exemple des marchés en prospérité ; réunissons toutes les laines dans un centre commercial le plus important et le plus rapproché de la production ; annonçons des ventes périodiques, les acheteurs arriveront en masse. Non-seulement les fabricants du Midi, mais encore toutes les fabriques du Nord y seront représentées. L'Anglais, le Belge, l'Allemand,

l'Italien, l'Espagnol, viendront y faire leurs approvi-
sionnements.

Tous attendront cette époque pour leurs achats, et de
même qu'ils se réservaient anciennement pour les jours
de foire, ils se réserveront aujourd'hui pour l'enchère,
où ils seront sûrs d'être traités également.

Mais, nous dira-t-on, ce moyen n'est pratique que
pour certains grands propriétaires. Pourquoi donc les
petits producteurs ne jouiraient-ils pas des mêmes
avantages ?

Ils n'ont qu'a se syndiquer entre eux, par communes.
Chacun apporterait sa part, qui serait reconnue par un
récépissé du poids, et, après la vente, chacun recevrait la
part lui revenant. Ne serait-ce pas là la vraie manière
d'égaliser le revenu entre le grand et le petit éleveur ?

Le marché propre à écouler toutes ces laines est natu-
rellement désigné : **Marseille,** le centre le plus important du mouvement commercial en France, appelée, par
le percement de l'Isthme de Suez, à devenir le plus
grand entrepôt du monde.

La transformation du transport devra évidemment
amener, sur notre place, le commerce des laines d'Aus-
tralie et des Indes, monopolisé aujourd'hui par l'Angleterre.

Aussi faut-il que les producteurs du Midi prennent
l'avance sur ce nouvel essor. Il ne faut pour cela que

peu de choses : renoncer aux anciens errements, aux vieux usages, et entrer résolûment dans la voie du progrès.

La laine de Provence n'est connue que de quelques fabricants, qui se partagent entre eux la récolte. Cette laine, d'une belle nature, longue et nourrie, aurait tout avantage à être connue et employée dans les manufactures du Nord. Sa valeur, tenue sous le boisseau, n'est que rélative et de pure complaisance. L'expression du prix réel ne se manifestera que du jour où tous les manufacturiers, la voyant sur un marché, pourront, en la comparant, apprécier sa valeur et la coter.

Aujourd'hui la laine n'a plus de nom ; peu importe sa provenance. Qu'elles nous viennent de Chine, du Levant, du Maroc ou de Provence, toutes les qualités se mesurent au numéro obtenu en filature. Le temps est passé où il fallait telle ou telle laine pour certains emplois. Chaque laine doit prendre son niveau réel ; il suffit d'avoir le courage d'entrer en lice, sinon, nous serons complétement délaissé, sans espoir de reprendre une place qui aura été perdue par notre incurie.

Vendre à l'enchère, au plus offrant, est le seul système possible pour établir un cours sérieux et une valeur vraie. Par ce nouveau mode, on se trouve en présence de tous les emplois et de tous les intérêts. Toutes les fabriques y seront représentées ; la concurrence établira les prix, et ce n'est qu'avec elle et par elle que l'on arrivera à la dernière expression de la véritable valeur de la matière.

En outre de cet avantage, le producteur pourra jouir de crédit et d'avances qu'il n'a jamais pu se procurer et qui lui sont de toute nécessité.

On se plaint constamment de ce que les grandes Compagnies de crédit établies en France n'ont jamais protégé l'agriculture ; cela est vrai, mais la faute n'en est-elle pas aux agriculteurs qui n'ont jamais su comment se servir de ces facilités de crédit ?

L'hypothèque ruine l'agriculture, les avances l'enrichiront ; nos agriculteurs usent de l'hypothèque, ils n'ont jamais connu les avantages de l'argent avancé sur récolte.

Nous avons à Marseille des maisons de banque, des docks et des magasins généraux.

Au point de vue de la consignation de la marchandise, ces différentes sociétés offrent une garantie avec des avantages dans les prix de prêt d'argent et d'emmagasinement qui les réduisent à fort peu de chose. Les transports ne sauraient être plus onéreux, grâce à la concurrence entre le chemin de fer, l'eau et voire même le roulage.

Les frais qu'aurait à supporter la marchandise seraient peu importants ; on pourrait même établir un tarif commun, de façon à ce qu'ils fussent représentés en masse par un taux de tant pour cent qu'il s'agirait de débattre et d'établir.

Mais sans contredit l'avantage le plus marqué de notre nouvelle combinaison serait dans les avances qu'elle permettrait de faire aux propriétaires; ainsi tel ou tel tenancier, ayant une production annuelle de......... pourrait, en consignant sa laine à la tonte et même avant, recevoir la presque totalité de la laine en avances, ce qui lui permettrait alors de pourvoir à ses autres cultures, et par là d'obtenir une nouvelle source de revenus et de richesses sur laquelle il n'a jamais pu compter jusqu'à ce jour.

Telle est notre proposition dans son ensemble ; on comprend qu'elle sera susceptible de modifications dans les détails, selon les conseils de l'expérience, et nous insistons d'autant plus librement sur ces avantages, que nous n'en sommes pas les premiers auteurs.

Que les propriétaires de Provence adoptent un mode de vente qui a produit de si bons résultats dans d'autres pays. Qu'ils se mettent en rapport direct avec l'acheteur des grands marchés.

Notre seul mérite sera de leur avoir appris ce que faisaient nos voisins.

Quelles que soient les opinions sur le libre échange, il est établi sans retour, et le discuter encore serait perdre son temps en récriminations inutiles.

Ce nouveau régime commercial serait ruineux si nous

persistions plus longtemps dans les anciennes pratiques faites pour le régime de la protection.

Il n'y a plus à hésiter, il faut chercher pour un état de choses nouveau de nouveaux moyens de succès.

Ne laissons pas à nos concurrents les bénéfices d'une exploitation commerciale plus productive que ne l'est la nôtre.

Transformons-nous comme eux, au lieu de rester dans des conditions d'inégalité pour la vente de la marchandise.

En faisant ainsi, le libre échange perdant beaucoup de ses inconvénients, nous donnera de réels avantages.

Les éleveurs de la Provence, affranchis de l'impôt qu'ils payaient à de vieilles coutumes, pourront alors lutter avec d'autant plus de succès qu'ils conserveront sur leurs rivaux l'avantage d'être sur les lieux où se consomment leurs produits.

Marseille, Septembre 1869.

www.ingramcontent.com/pod-product-compliance
Lightning Source LLC
Chambersburg PA
CBHW051510060726
47596CB00007B/3001